Reglas

Parlamentarias

Por
H. F. Kerfoot

Condensación al castellano por
José M. Sánchez

EDITORIAL MUNDO HISPANO

EDITORIAL MUNDO HISPANO

Apartado Postal 4256, El Paso, TX 79914, EE. UU. de A.

www.editorialmh.org

Ediciones: 1961, 1967, 1970, 1975, 1977, 1980,
1981, 1982, 1984, 1985, 1987, 1990,
1993, 1995, 1996, 1998, 2000, 2001
Decimonovena edición: 2003

Clasificación Decimal Dewey: 060.42

Tema: Prácticas parlamentarias

ISBN: 0-311-11012-6
E.M.H. Art. No. 11012

5 M 2 03

Impreso en EE. UU. de A.
Printed in U.S.A.

PREFACIO

Cada vez es mayor el número de organizaciones humanas, de toda clase, que cuentan con docenas o cientos de asociados y que periódicamente se reúnen en asambleas deliberativas para considerar asuntos de común interés. Sería imposible que tales entidades funcionaran adecuadamente sin un sistema de reglas para gobernarse.

Dichas entidades o asociaciones cuentan con documentos básicos de funcionamiento como son su constitución y reglamento. Es en los reglamentos donde se suelen recoger aquellos procedimientos que sirven para que los asociados, una vez constituidos en asamblea deliberativa, puedan ejercer sus derechos de uso de la palabra, presentación de nociones y propuestas, y voto, de manera ordenada y efectiva. Los referidos reglamentos se nutren de los principios que se presentan y explican ampliamente en Manuales de Reglas Parlamentarias como el que tiene en sus manos.

El presente manual es principalmente una traducción resumida del libro *Parliamentary Law, A Textbook and Manual* escrito por H. F. Kerfoot. La traducción-condensación fue llevada a cabo por el profesor cubano José M. Sánchez. Desde su origen ha tenido múltiples ediciones en castellano, con muchos miles de ejemplares impresos y vendidos, lo que demuestra la favorable aceptación que ha disfrutado hasta el presente.

Tanto las comunidades religiosas como las compañías de seguros, entidades bancarias, asociaciones de padres, clubes, comunidades de vecinos, etc., encontrarán en este excelente manual orientación oportuna y ayuda práctica para el feliz gobierno de sus asambleas deliberativas.

Los editores

CONTENIDO

CAPITULO I

REGLAS PARLAMENTARIAS Y ASAMBLEAS DELIBERATIVAS

CAPITULO II

ORGANIZACION

CAPITULO III

CREDENCIALES Y QUORUM

CAPITULO IV

OFICIALES — DEBERES Y DERECHOS

CAPITULO V

MIEMBROS — DERECHOS Y DEBERES

Párrafo

CAPITULO VI

ASUNTOS A TRATARSE

CAPITULO VII

LA VOTACION

CAPITULO VIII

INTERVENCION DE MOCIONES SUBSIDIARIAS

CAPITULO IX

MOCIONES INCIDENTALES

CAPITULO X

MOCIONES PRIVILEGIADAS

8 CONTENIDO

CONTENIDO

APENDICE II

RESUMEN DE REGLAS PARLAMENTARIAS
DEDICADO A LOS QUE PRESIDEN.

GRAFICA "EL CAMINO DE UNA MOCION"

CAPITULO I

REGLAS PARLAMENTARIAS — ASAMBLEAS DELIBERATIVAS

1. DEFINICION GENERAL.

Se llama *Reglas Parlamentarias* al sistema de reglas por las cuales una asamblea deliberativa se gobierna.

Importantes asuntos de la humanidad han tenido que ser tratados públicamente en asambleas. Sin reglas de orden cada individuo actuaría de acuerdo con su criterio; nadie conocería sus derechos ni cómo usarlos. Esta situación traería confusión y desorden.

Hay un principio fundamental que dice que "cada asamblea deliberativa está en libertad de darse previamente sus propias reglas de orden, a las cuales ella después someterá a sus miembros".

Este manual ha sido preparado teniendo en cuenta las reglas parlamentarias de Inglaterra, consideradas hoy como modelo por todos los parlamentos del mundo. Por supuesto, se han hecho las adaptaciones necesarias para su uso en iglesias, convenciones, asambleas, etc.

2. ASAMBLEAS DELIBERATIVAS.

Estas se dividen en:

1) Asambleas permanentes
2) Asambleas ocasionales

Las primeras son cuerpos de existencia permanente, algunas con un número de miembros que siempre quedan al ser renovadas las asambleas y otras renovadas totalmente, pero ambos tipos de asambleas permanecen organizadas.

Las segundas se reúnen temporalmente para propósitos especiales. Son de dos clases: Aquellas cuyos miembros representan electores y las asambleas cuyos miembros no representan a ningún cuerpo electoral, es decir, podrán ser asambleas donde se requieran credenciales o bien reuniones en masa.

CAPITULO II

ORGANIZACION

3. ANTES DE APLICAR LAS REGLAS PARLAMENTARIAS a una asamblea se empezará por constituir y organizar dicha asamblea.

4. SI ES LA PRIMERA ORGANIZACION DE UNA ASAMBLEA PERMANENTE se procede de igual manera que en la primera organización de una asamblea ocasional. (Consúltese el párrafo 6.)

5. SI YA HA SIDO ORGANIZADA Y SE TRATA DE REORGANIZARLA se aplicarán las reglas de su propia organización. Si éstas no existen, se procederá de la siguiente manera:

1) Los oficiales continuarán en sus cargos hasta que sus sucesores sean elegidos.

2) Las elecciones serán presididas por el presidente y certificadas por el secretario.

3) El presidente llamará al orden después del período devocional.

4) El presidente solicitará la nómina de quienes tienen derecho al voto.

5) La nómina preparada por el secretario estará en consonancia con el acuerdo adoptado por la asamblea. El secretario dará lectura a esta lista.

6) El presidente anunciará que se pasará a la votación y que ya se podrán proponer candidatos.

7) Si una comisión nominadora o de candidaturas tiene proposiciones, presentará su informe primero.

8) Todo miembro puede nominar o nombrar y no necesita ser secundada su nominación o nombramiento.

9) Cualquiera puede nombrar antes de que se "cierren los nombramientos". (Esta moción de "cierre de nombramientos" tiene que ser secundada y puesta a votación sin discusión; si se aprueba por mayoría de votos, entonces no se podrá proponer a ningún otro candidato; si se rechaza, entonces se seguirán admitiendo nombramientos.)

10) Si el presidente anterior es propuesto, deberá entregar la presidencia al vicepresidente o a otro oficial. Salvo en la votación por cédula, se invierte el orden de los candidatos propuestos.

11) Se procederá a votar de la manera establecida. (Consúltese la sección sobre votación, párrafos (20-25.)

12) Cuando el que preside sepa el resultado de la elección, proclamará a la persona electa si ésta llena los requisitos de mayoría. Si no, se procederá a elegir entre los dos candidatos que tuvieron mayor número de votos.

6. PARA ORGANIZAR UNA ASAMBLEA OCASIONAL.

1) Se llamará la sesión al orden.

2) Si hay un reglamento aprobado se aplica para su organización; si no lo hay, el miembro que llamó la sesión al orden pedirá los nombramientos para presidente. Luego de haberse escuchado los nombramientos, se pasará a la votación. Al obtenerse los resultados, el presidente *pro tempore* pedirá que el presidente electo se haga cargo y concluya con la organización, eligiéndose a los demás oficiales que se estimen necesarios.

3) En caso de requerirse credenciales, la comisión nombrada examinará las credenciales. (Consúltense los párrafos 5, 20-25.)

CAPITULO III

CREDENCIALES Y QUORUM

7. LAS CREDENCIALES son las cartas o evidencias que una persona puede presentar para acreditar que fue nombrada para asistir a la asamblea como miembro de la misma. En algunas asambleas las credenciales son muy importantes; en otras no se requieren, pero siempre son buenas para evitar que personas no autorizadas participen en las deliberaciones.

8. QUORUM.
Es el número mínimo que se requiere de miembros de una asamblea que deben estar presentes para que los acuerdos de la asamblea tengan valor.

1) En algunas asambleas no se requiere quórum, pero generalmente se considera la mitad más uno de los miembros que integran la asamblea como un quórum prudencial. Pero si el quórum no está establecido en los estatutos o reglamentos, no se le podrá exigir a una asamblea. Si ya está establecido, entonces este principio no podrá ser violado porque la asamblea carecerá de autorización.

2) Se asevera la existencia del quórum pasándose lista.

CAPITULO IV

OFICIALES — REQUISITOS, DEBERES Y DERECHOS

9. EL PRESIDENTE.

Requisitos

Se enumeran a continuación los requisitos: El presidente debe poseer percepción rápida, mente judicial, debe ser completamente imparcial, debe estar bien familiarizado con las reglas parlamentarias; debe ser mansamente enérgico cuando sea necesario, debe ser un hombre de tacto, debe ser un hombre alerta y firme en sus decisiones. Si éstas no son correctas pueden ser apeladas, pero en un presidente la indecisión y demora pueden traer confusión.

Deberes

Estos se establecen por la asamblea pero generalmente son:

1) Posesionarse de la silla presidencial y llamar al orden a tiempo.
2) Seguir con el orden establecido —lectura de actas, informes, asuntos pendientes, asuntos nuevos— de acuerdo con el programa.
3) Debe mantener el orden y proteger a los miembros en sus derechos.
4) Debe interpretar rápidamente cualquier regla

parlamentaria y aplicarla cuando fuese necesario. Se podrá contar con un asesor en reglas parlamentarias.

Derechos y Privilegios

1) Como presidente no debe conculcar los derechos de ningún miembro de la asamblea.

2) Puede abandonar la presidencia para ocupar el lugar de un miembro con los derechos de éste.

3) Debe evitar la excesiva participación en el debate de la asamblea.

4) Debe evitar estar en un bando partidario, y si tiene que defender algún criterio debe dejar que otro presida mientras defiende tal asunto.

5) Generalmente no debe votar a menos que haya un empate de voto. El puede rehusar votar en este caso también y entonces el asunto no pasa por falta de mayoría. Por supuesto siempre tiene derecho a votar si él lo desea, pero es cuestión de tino el ejercicio de este derecho. En casos cuando el presidente represente a los electores y sus intereses requieran el voto del presidente, entonces será la obligación de él votar.

10. EL SECRETARIO

Requisitos

El secretario debe estar bien familiarizado con las leyes parlamentarias. Debe poseer clara percepción y estar alerta para captar mociones que no son presentadas por escrito. Debe tomar notas tan claras que cualquier persona pueda leer las actas escritas por él. Debe ser servicial para con el cuerpo donde actúa como secretario.

Deberes

1) Debe estar en su escritorio cuando el presidente llame al orden.
2) Debe tener una lista o nómina exacta de los miembros de la asamblea.
3) Tomará nota de toda moción que se presente, aun de la que no se presente por escrito.
4) Leerá actas, cartas y documentos a petición del presidente.
5) Llevará al acta los acuerdos que fueron tomados por mayoría y todos los asuntos concernientes al cuerpo, hayan sido motivo de moción o no.
6) En algunas asambleas se requiere que tome nota de todo lo propuesto. En otras, basta solamente hacer constar lo que aprobó la mayoría. Téngase presente que un miembro tiene el derecho de pedir que conste en el acta su proposición aunque haya sido rechazada, así como también su voto en contra.
7) Tiene el deber de pasar lista a los votantes e informar al presidente el resultado.
8) Hará una lista de todas las comisiones designadas, informando al presidente de dichas comisiones de sus miembros y los respectivos asuntos referidos.
9) Rápida y alegremente debe obedecer cualquier petición especial del cuerpo sobre la manera de anotar, archivar, poner a disposición asuntos, actas, documentos, etc. Por último:
10) Con su firma certificará actas, cartas y documentos cuando sea necesario para la debida autenticidad de los mismos.

Derechos y Privilegios

1) Tiene derecho al voto.

2) No necesita dejar su puesto para tomar parte en el debate, pero no por eso debe ser negligente en sus deberes como secretario.

3) Merece el respeto y la consideración de los miembros del cuerpo y debe ser protegido de cualquier demanda irrazonable de parte de los miembros.

11. OTROS OFICIALES.

Los requisitos, deberes y derechos de los otros oficiales quedan establecidos en los estatutos y reglamentos de las asambleas, asociaciones, convenciones, etc. Dichos oficiales están en el deber de rendir los informes que se les pidan y son responsables de los asuntos que se les confían.

CAPITULO V

MIEMBROS — DERECHOS Y DEBERES

12. TODO MIEMBRO DE UNA ASAMBLEA DELIBE-RATIVA debe conocer sus derechos y lo que es más importante, sus deberes y obligaciones.

1) Los miembros tienen igualdad de derechos en una asamblea.

2) Todo miembro tiene el derecho de presentar proposiciones ante la asamblea, discutir las mismas, y usar todo los medios parlamentarios para asegurar sus derechos y el cumplimiento de éstos. No tiene más limitación que las establecidas por las reglas parlamentarias en vigor.

3) Merece la protección del presidente y del cuerpo en el ejercicio de todos sus derechos y privilegios como miembro del cuerpo. En cualquier momento puede demandar esa protección y si la presidencia se la niega, puede apelar a la asamblea. Si la asamblea se la rehusa, entonces no debe resistirse.

13. DEBERES DE UN MIEMBRO.

1) Respetará a los oficiales del cuerpo. Si no está conforme con la actuación de alguno, apelará respetuosamente a la asamblea.

2) Respetará a los otros miembros de la asamblea. Siempre deberá usar de la cortesía, consideración, y del lenguaje correcto.

3) Respetará al cuerpo. Debe evitar hacer algo que viole los estatutos del cuerpo o las reglas parlamentarias en uso.

4) Servirá en la capacidad en que se le pida servir. En caso de incapacidad para cumplir con sus funciones o en caso de fracaso en el servicio encomendado, estará en la obligación de informar esto enseguida.

5) Debe someterse a las decisiones del cuerpo; si no lo puede hacer, deberá separarse del mismo.

CAPITULO VI

ASUNTOS A TRATARSE

14. COMO PRESENTAR UN ASUNTO sobre el cual debe tomarse una decisión.

Lo primero será *pedir la palabra,* la cual si no ha sido autorizada por el presidente hace que el miembro esté fuera de orden y el presidente en la obligación de hacerle callar.

15. COMO OBTENER LA PALABRA.

1) El miembro debe ponerse en pie y decir: "Señor Presidente, pido la palabra."

2) Si el presidente lo reconoce por nombre o de alguna otra manera le indica que tiene la palabra, entonces él continuará en el uso de la misma. Pero no podrá hacerlo sino hasta que el presidente se la haya concedido.

3) El presidente no necesita pedir autorización para hablar y cortésmente puede interrumpir al que habla para llamarle la atención, aclarar algo, etc. No obstante, se cuidará de no ser demasiado impertinente.

4) Si el presidente desea presentar una moción o defender un punto de vista, deberá abandonar la presidencia.

5) Las personas que estén fuera del local de la reunión no tienen derecho de presentar mociones; deben hacerlo por intermedio de otra persona que esté en la asamblea.

6) Si varios piden la palabra al mismo tiempo, el presidente dará preferencia al que, a su juicio,

tenga prioridad. Generalmente y por cortesía se da prioridad:

(1) Al proponente de la moción, si todavía no la ha fundamentado;

(2) Al miembro que todavía no ha hablado;

(3) Al que está más alejado de la silla presidencial;

(4) Al que expresa la opinión contraria de la persona que acaba de hablar o que está por hablar o que va a hablar en contra.

Este orden no es obligatorio seguirlo aunque sí justo para mayor prueba de imparcialidad de la presidencia.

7) El hecho de que una persona se ponga en pie repetidas veces, tratando de conseguir la palabra, no le dará derecho a reclamar ser oído.

8) Mientras que una persona está haciendo uso de la palabra puede permitir que se le hagan preguntas o aclaraciones, pero debe permanecer en pie y ceder el uso, porque si toma asiento y cede no tendrá derecho de reclamar la palabra sin esperar su turno.

16. PRESENTANDO UNA MOCION.

Cualquier asunto que sea presentado a la asamblea para su discusión y decisión se hará por medio de una moción. Esto se hará empleando las palabras: "Yo propongo..." o "Yo deseo hacer una moción..." Sin hacer una moción, se puede llamar la atención de la asamblea sobre algún asunto o se puede introducir alguna explicación antes de presentar una moción. Pero cuando un asunto de cualquier clase es presentado para su consideración y decisión por la asamblea debe presentarse una moción antes de que se discuta o se tome una votación.

17. LAS MOCIONES DEBEN SER SECUNDADAS O APOYADAS.

1) Toda moción requiere ser secundada, excepto algunas que ya serán consideradas.

2) Cualquier miembro puede secundar diciendo: "Yo secundo esa moción."

3) El que secunda no necesita pararse ni pedir la palabra ni ser autorizado por el presidente.

18. LAS MOCIONES PRINCIPALES.

Todas las mociones deben ser presentadas por escrito cuando así se estipule, especialmente cuando son proyectos, resoluciones, etc. Una moción ordinaria no requiere ser presentada por escrito.

19. RESOLUCIONES, ORDENES, PETICIONES, PROYECTOS Y ACUERDOS.

Una asamblea deliberativa puede tomar una decisión de varias maneras:

1) Resolución: una expresión formal de opinión sobre algún asunto, resolución que es presentada como la decisión de la asamblea. Se presenta: "Yo propongo que se tome la resolución de que el parecer de esta asamblea es..."

2) Orden: en casos cuando el acuerdo tiene la naturaleza de un mandato.

3) Petición: en casos cuando el acuerdo responde a una petición o demanda hecha.

4) Proyecto: una ley, estatuto o reglamento antes de ser aprobado es llamado un proyecto.

5) Acuerdo: generalmente se refiere al contenido de una moción ordinaria.

CAPITULO VII

LA VOTACION

20. EL OBJETO DE PRESENTAR UNA MOCION ES ASEGURAR EL VOTO DE UNA ASAMBLEA o sea, una decisión favorable o desfavorable a la misma.

Generalmente para llegar a ese voto la moción pasa por mucho debate o discusión y está sujeta a muchas vicisitudes. Algunas veces la moción perecerá por el camino y nunca llegará a la votación. Las cosas que pueden detener una moción serán consideradas en los capítulos subsiguientes. A continuación se considerará el asunto de cómo tomar una votación.

21. VOTACION EN ALTA VOZ.

El presidente pregunta: "¿Estamos listos para votar?" Si no se objeta, dirá: "Los que estén a favor dirán, ¡Sí!" Oída la respuesta, dirá: "Los que estén en contra dirán, ¡No!" Si los sonidos no resultasen lo suficientemente claros para permitir que se proclame sin lugar a duda cuál sea la decisión, entonces será mejor volver a votar usando otro método.

22. VOTACION LEVANTANDO LA MANO.

El presidente dirá: "Los que estén a favor levantarán la mano." Luego de contarse los votos a favor, dirá: "Los que estén en contra, levantarán la mano," y se procederá a contar las manos.

23. VOTACION POR SEPARACION O PONIENDOSE EN PIE.

Así se llama al método según el cual, en lugar de levantar la mano, los miembros se paran hasta que sus votos hayan sido contados.

24. VOTACION NOMINAL O POR LISTA.

Este método requiere que en voz alta se llamen uno por uno los nombres de los miembros quienes, a su vez, expresarán su voto a favor o en contra. El secretario tomará nota del voto de cada uno. El presidente anunciará que se leerán los nombres de los miembros y cada uno oportunamente responderá con un "Sí" o un "No". Luego de terminarse la votación por este método, el secretario informará los resultados.

Los miembros están en la obligación de votar cuando se emplea este sistema a menos que hayan sido excusados por la asamblea. El propósito de este sistema es hacer ver a cada miembro su responsabilidad y a la vez notar su actitud.

No se puede interrumpir esta elección, pero en algunas asambleas se permite que los miembros hagan una explicación de su voto, haciéndose esto al finalizar la votación y una vez anunciado el resultado.

No se debe abusar de este sistema de votación por razones obvias a la consideración de otros asuntos. Casi nunca es empleado en cuerpos deliberantes religiosos.

25. VOTACION POR CEDULA.

Es un plan de voto secreto. El miembro tendrá en su posesión un papel en blanco o cédula en el cual escribirá su voto. Repartidas las cédulas a todos los miembros, éstos escribirán su decisión, sea afirmativa o negativa. A continuación se recogen o depositan las cédulas en una urna. Una comisión escrutadora nombrada por el presidente e integrada por personas imparciales o de ambos bandos contará los votos e informará al presidente.

CAPITULO VIII

INTERVENCION DE MOCIONES SUBSIDIARIAS

26. LA MOCION PRINCIPAL.

Ya se ha visto el curso tomado por una moción principal cuando es presentada y nada la detiene, es decir: es presentada la moción, es secundada, es explicada por el presidente, y luego es puesta a votación, revelando dicha votación si la moción se aprueba o se rechaza.

27. UN RECURSO PARLAMENTARIO.

Sin embargo, muchas son las cosas que generalmente le suceden a una moción principal desde el momento de ser presentada hasta la votación final.

1) Debe ser discutida toda vez que ésta haya sido presentada en una asamblea deliberativa. Está sujeta, pues, a todos los incidentes dilatorios del debate.

2) Puede ser que algunos miembros no simpaticen con parte del contenido de la moción y algunos se sientan diametralmente opuestos al sentir de la misma. De ahí que algunos desean que se apruebe, otros, que se posponga su solución, otros, que en algo se modifique, etc.

   Las reglas proveen los medios para lograr esos deseos en diversas formas de mociones.

3) Recuérdese que una moción principal sólo debe contener una proposición. Si contiene más de una, la moción debe ser dividida a petición de un miembro y las proposiciones consideradas y votadas separadamente.

4) Sólo un asunto debe estar ante la consideración

de la asamblea. Ninguna otra moción puede interrumpir a la principal a menos que esa moción tenga relación directa con la principal.

28. MIENTRAS QUE UNA MOCION PRINCIPAL ESTA BAJO DISCUSION PUEDE SER INTERRUMPIDA POR:
1) Mociones subsidiarias
2) Mociones incidentales
3) Mociones de privilegio
4) Mociones de reconsideración

Mociones subsidiarias: son aquellas que hacen objeción o reparo a la consideración del asunto, vuelven a la mesa, posponen, refieren o enmiendan (en sustitución).

Mociones incidentales: son aquellas que reclaman cuestiones de orden, lectura de documentos, retiran una moción, suspenden una regla, dividen una proposición, etc.

Mociones de privilegio: son aquellas que se presentan para levantar una sesión, plantear una cuestión de privilegio, modificación del orden del día, etc.

Mociones de reconsideración: son aquellas que tienen por finalidad rescindir o revocar una moción.

29. CLASIFICACION DE MOCIONES SUBSIDIARIAS.

PARA LA TOTAL SUPRESION	Objeción o reparo a la consideración (30)
PARA DEMORAR LA CONSIDERACION	Volver a la mesa (31) Posponer para fecha fija (32)
PARA LA SUPRESION PARCIAL	Cuestión previa (33) Posposición indefinida (34)
PARA PERFECCIONAR	Referir o pasar a comisión (35) Enmendar (36)

30. OBJECION O REPARO A LA CONSIDERACION.

Tiene por objeto suprimir lo más pronto posible una moción sin dar tiempo a que se inicie su tratamiento.

Procedimiento

1) "Señor Presidente, presento una moción objetando a la consideración de la moción principal. Pido, pues, que no se tome en consideración."
2) No requiere ser secundada.
3) El presidente pregunta: "¿Se acepta la objeción o la rechaza la asamblea?"
4) No puede discutirse.
5) No pueden hacerse enmiendas.
6) Si se vota a favor de la objeción a la consideración, la moción principal no puede ser tratada.
7) Si se vota en contra de la objeción a ser considerada, la moción principal sigue vigente y se continúa su consideración.
8) No puede ser presentada otra vez, pero el voto objetando a la consideración puede ser reconsiderado.
9) En grado es superior a cualquier moción subsidiaria pero inferior a una privilegiada o a una incidental.
10) Está en orden sólo cuando la moción principal no ha sido discutida.

31. PARA VOLVER A LA MESA O PONER EN CARPETA.

Tiene el propósito de posponer la consideración de la moción principal.

Procedimiento

1) "Señor Presidente, propongo que la moción vuelva a la mesa."
2) Debe ser secundada.
3) El presidente dirá: "Se propone que la moción vuelva a la mesa. Se pasa a votación."
4) No puede ser enmendada.
5) No se puede discutir.

6) Si se vota a favor de la moción de volver a la mesa, no se sigue tratando la moción principal.

7) Si se vota en contra de volver a la mesa, se sigue con la consideración de la moción principal.

8) Puede ser presentada otra vez después de que otra discusión intervenga.

9) En grado sigue a la de objeción o reparo a la consideración y es superior a otra subsidiaria. Es inferior a las privilegiadas e incidentales.

10) Está en orden cuando cualquier moción está aún pendiente e incluye todos los apéndices que esa moción ya tenga en el momento de votarse que vuelva a la mesa.

Muchas veces esta es la manera de suprimir totalmente una moción, por lo que debe cuidarse mucho su uso.

32. POSPONER PARA FECHA FIJA.

Es otra moción para posponer la consideración de la moción principal para otra oportunidad y entonces debe venir incluida como orden especial para dicha sesión.

Procedimiento

1) "Señor Presidente, propongo que el tratamiento de esa moción principal se deje para ___ _____ _____ (y sugiere la fecha)."

2) Debe ser secundada.

3) El presidente repetirá la moción tal cual fue hecha.

4) Puede ser enmendada en cuanto al tiempo.

5) Sólo es debatible con relación a la ventaja o desventaja de posponerla a la fecha designada.

6) Si se vota a favor de la posposición, no se sigue tratando la moción principal que pasa a ser una orden especial para el día señalado.

7) Si se vota en contra de la posposición se sigue la consideración de la moción principal.

8) Se puede proponer otra vez si ha intervenido debate tal que lo hace una proposición nueva.

9) En grado es inferior a la de volver a la mesa y a la objeción a la consideración, a todas las incidentales y a las privilegiadas. Es superior a las enmiendas. En grado es igual a la moción para posponer indefinidamente.

10) Está en orden cuando una moción principal o sus apéndices están pendientes aguardando votación.

33. CUESTION PREVIA.

Tiene el propósito de cortar el debate y dar por terminada la discusión y obligar a votar en seguida sobre el asunto de la moción principal con sus respectivos apéndices y en el orden debido (enmiendas, etc.).

Procedimiento

1) "Señor Presidente, yo propongo que sea ordenada la cuestión previa (o que se proceda a la votación) y, por lo tanto, suplico que cese el debate."

2) No necesita ser secundada.

3) El presidente detendrá todo debate o palabra y dirá: "Queda planteada la cuestión previa. ¿Se cerrará el debate o no? Los que estén a favor..."

4) La cuestión previa no admite enmienda.

5) No es debatible.

6) Si el voto es a favor de la cuestión previa, entonces el presidente pone a votación la moción principal con sus enmiendas, si las tiene, en el orden que debe observarse. (Consúltese el párrafo 36.)

7) Si el voto es en contra de la cuestión previa, entonces se continúa el debate y la consideración de la moción principal.

8) Puede volver a ser presentada si han intervenido suficientes asuntos como para hacerla una proposición nueva.

9) En grado es igual a las mociones de proposición y a la de referir; inferior a la objeción o reparo de consideración, a la de volver a la mesa, a todas las de privilegio y a las incidentales. Sólo es superior a una moción de enmienda o a una principal.

10) Está en orden solamente con relación a una moción principal con enmiendas o sin ellas. No puede aplicarse a una enmienda sola o a algún apéndice de una moción principal. Si un asunto es reconsiderado después de su aprobación tras una cuestión previa, ésta no puede volverse a presentar.

Para Cerrar o Limitar un Debate

Se permite una moción incidental para cerrar un debate o limitar a los que hacen uso de la palabra a un tiempo determinado o limitar el número de los que hablen, etc., en lugar de presentar la cuestión previa. (Consúltese bajo mociones incidentales, párrafos 41-49.)

34. POSPOSICION INDEFINIDA.

Su propósito y procedimiento es el mismo que el observado para la moción para posponer para fecha fija, salvo que no se fija fecha. (Consúltese el párrafo 32.)

35. REFERIR O PASAR A COMISION.

Tiene el propósito de transferir a un grupo más pequeño la consideración del asunto para que este grupo lo vuelva a presentar ante la asamblea con mejor redacción o mejor informe.

Procedimiento

1) "S e ñ o r Presidente, propongo que la moción

principal sea referida a la comisión ... para su consideración o información o solución." (En caso de que no exista una comisión para la consideración del asunto, se podrá sugerir la creación de una, haciéndose mención del número de componentes, etc. Consúltese el capítulo 15 al respecto.)

2) La moción de referir o pasar a comisión necesita ser secundada.

3) El presidente la pone a discusión.

4) Puede ser enmendada con relación a la comisión, su naturaleza, la forma en que se creará, etc.

5) Es debatible con relación a la comisión, naturaleza de la misma, ventaja de referirla, etc.

6) Si se vota a favor de referir la moción a una comisión, así se hará.

7) Si se vota en contra de pasarla a una comisión, se sigue con la consideración de la moción principal.

8) Puede ser presentada otra vez cuando haya progresado el debate.

9) En grado es igual a la moción de posposición; superior a la de la enmienda; e inferior a la de la objeción o reparo de consideración, a la de volver a la mesa y a las privilegiadas e incidentales.

10) Está en orden con relación a cualquier moción principal o enmienda.

Cuando la comisión ha terminado su trabajo informará el resultado a la asamblea de acuerdo con la autoridad que ésta le confirió. La asamblea entonces tendrá que resolver si acepta o no el informe, pero ésto solo no resolverá el asunto estudiado.

36. ENMENDAR.

Tiene el propósito de modificar el contenido de la

moción principal. Las enmiendas son de dos clases:
1) Enmienda parcial
2) Enmienda total o moción sustituta
37. ENMIENDA DE UNA PARTE DE UN PARRAFO POR OTRA.

Procedimiento

1) "Señor Presidente, yo propongo una enmienda parcial después de las palabras '_____', debiera decir, '_____' "
2) Debe ser secundada.
3) El presidente lee o pide que se lea el párrafo tal cual reza y luego la enmienda tal cual se propone.
4) Puede a su vez ser enmendada, pero una sola vez más. (En este caso se procederá a resolver primero "la enmienda de la enmienda" en la misma forma que si fuera una enmienda original. Resuelto esto, se seguirá con la original, etc.)
5) Puede ser debatida. El debate debería limitarse a la consideración de la enmienda propuesta, pero en la práctica es imposible tal cosa sin relacionarla con la moción principal. Por tanto, no se podrá ser muy exigente en limitar el debate a la enmienda.
6) Si se vota a favor de la enmienda, ésta queda incorporada a la moción principal.
7) Si se vota en contra de la enmienda, la moción principal queda como si ninguna enmienda haya sido propuesta.
8) No se puede volver a presentar la misma enmienda una vez rechazada, es decir, con las mismas palabras.
9) En grado es inferior a las mociones privilegiadas e incidentales, y a cualquier otra moción subsidiaria.

10) Está en orden y es aplicable cuando una moción principal o una sola enmienda está pendiente. Y también en aquellos casos que estas reglas conceden, tales como con relación a las mociones para posponer, para fecha fija o referir.

38. ENMIENDA PARA CAMBIAR POR OTRO LA TOTALIDAD DE UN PARRAFO, GENERALMENTE CONOCIDA COMO MOCION SUSTITUTA.

Tiene el propósito de cambiar totalmente un párrafo. Obsérvese que la moción sustituta no es más que una enmienda de la moción principal que comienza: "Yo propongo..."

Procedimiento

1) "Señor Presidente, yo propongo una enmienda total o moción sustituta a la principal que dice así: ..."
2) Necesita ser secundada.
3) El presidente lee o hace leer el párrafo que se propone eliminar y el que se piensa incluir.
4) Esta moción admite enmienda. (Consúltese el párrafo anterior.)
5) Puede ser debatida.
6) Si se vota a favor de la moción sustituta, entonces ésta toma el lugar de la moción principal.
7) Si se vota en contra de la moción sustituta, se sigue el tratamiento de la principal.
8) No se puede presentar otra vez cuando ha sido rechazada.
9) En grado tiene el mismo que el que tienen otras enmiendas.
10) Está en orden cuando otras mociones de enmienda están en orden.
   Una moción de enmienda total o sustituta no

debe presentarse sino hasta que se les haya dado oportunidad a los miembros de presentar enmiendas parciales a la moción principal. También pueden oirse las enmiendas a la sustituta.

39. ENMIENDAS A UNA SERIE DE RESOLUCIONES.

Será mejor referir este asunto a una comisión quien lo estudiará y posteriormente informará.

El preámbulo debe aprobarse después de que el conjunto de resoluciones o reglamentos, etc., haya sido aprobado.

40. ENMIENDA O CORRECCION DE ACTAS.

Un acta puede ser corregida si el secretario no ha copiado correctamente los acuerdos o si por alguna otra causa ha incurrido en un error. Esto se hará mediante una moción de enmienda al acta leída por el secretario. Tal moción se sujeta a las reglas vigentes para las mociones de enmiendas.

No está en orden pedir la cuestión previa con relación a una moción de enmienda o corrección de actas. Se debe esto a dos razones:

1) Por lo general no existe una moción principal, ya que no se hace una moción para adoptar las actas en su totalidad.

2) En caso de que se hubiera hecho una moción para aceptar las actas en su totalidad, no debe tomarse el voto sino hasta en tanto la asamblea haya tenido amplia oportunidad de hacer las debidas correcciones.

CAPITULO IX

MOCIONES INCIDENTALES

41. MOCIONES INCIDENTALES.

Estas mociones son las que surgen en cualquier momento con carácter incidental. Las más importantes son:

1) Cuestión de orden (42)
2) Apelación (43)
3) Lectura de documentos (44)
4) Retirar una moción (45)
5) Suspensión de reglas (46)
6) Dividir una moción (47)
7) Métodos de consideración (47)

42. MOCION INCIDENTAL PARA CUESTION DE ORDEN.

Cuando un miembro entiende que el presidente no está siguiendo las reglas o un miembro las está violando, puede presentar una moción reclamando una cuestión de orden.

Procedimiento

1) Un miembro puede ponerse en pie y sin esperar hasta ser reconocido y autorizado, decir: "Señor Presidente, yo presento una cuestión de orden." Debe hacerse esto en cuanto se aprecie que algo está fuera de orden. Puede hablar aun cuando otro está haciendo uso de la palabra.

2) No necesita ser secundada.

3) El presidente suspende en seguida todo proce-

dimiento y dice: "Sírvase decirnos cuál es su cuestión de orden." Entonces el proponente explica cuál es su punto de vista. El presidente debe decidir si tiene razón o no la cuestión de orden planteada.

4) No admite enmiendas esta moción.

5) Nunca puede ser debatida.

6) Si el presidente decide a favor de la cuestión de orden, establece la corrección del error.

7) Si el presidente decide en contra de la cuestión de orden, el proponente tiene alternativas:

(1) Aceptar la decisión del presidente y tomar asiento, o

(2) Decir: "Señor Presidente, respetuosamente apelo la decisión de la presidencia." (Consúltese la moción de apelación, párrafo 43.)

8) No puede volver a presentar una cuestión de orden después de que haya sido decidida.

9) En grado es superior a otra moción incidental o privilegiada.

10) Está en orden en cualquier momento. A veces una cuestión de orden se plantea cuando en realidad expresa un pedido de información a la mesa. Esto se podría efectuar con mayor propiedad en calidad de cuestión de información, cuestión que pasa a la jurisdicción de una cuestión de privilegio.

43. MOCION INCIDENTAL PARA APELAR.

Se presenta cuando un miembro no está satisfecho con la decisión del presidente en una cuestión de orden.

Procedimiento

1) "Señor Presidente, respetuosamente apelo la decisión de la presidencia."

2) El presidente entonces dice: "El señor .... apela la decisión de la presidencia. ¿La man-

tiene la asamblea o está de acuerdo con el apelante?" La asamblea decidirá por votación.

3) No necesita ser secundada.

4) No puede ser enmendada.

5) Admite debate pero sólo con relación a la propiedad de la decisión, con tal que no sea ningún asunto personal.

6) Si el voto de la asamblea es a favor de la decisión del presidente, entonces el apelante debe
atenerse.

7) Si el voto es contrario a la decisión del presidente, entonces el presidente rectifica su falta
y se sigue con la reunión.

8) Una apelación no puede ser presentada otra
vez una vez resuelta. Sin embargo, puede ser
reconsiderada o revocada.

9) En grado es igual a una cuestión de orden.

10) Está en orden cuando alguien protesta por la
decisión del presidente en una interpretación
de orden, con la condición de que sea tan pronto como fuese posible después de tomada la
decisión.

44. MOCION INCIDENTAL PARA LEER DOCUMENTOS.

Esta moción surge del deseo de contar con mayor
información sobre determinado asunto antes de pasarse
a la votación.

Procedimiento

1) "Señor Presidente, pido la lectura de tal documento…" Si ni el presidente ni ningún miembro objeta, se leerán los informes solicitados.
Pero si se hace alguna objeción, entonces el so-
licitante puede presentar la moción incidental
pidiendo la lectura de tal o cual documento
para que la asamblea decida si debe leerse o
no.

2) Esta moción necesita ser secundada.

3) El presidente la pone a votación.

4) No puede ser enmendada.

5) No admite debate.

6) Si la asamblea vota a favor, se ordena la lectura.

7) Si vota en contra, no se leerá el documento y se proseguirá con la reunión.

8) No se puede volver a presentar esta moción sobre el mismo asunto.

9) En grado es superior a toda moción subsidiaria; es inferior a toda privilegiada e igual a otra incidental.

10) Está en orden siempre que se desee una información contenida en algún escrito, y siempre que no esté en pie una moción de grado superior.

45. MOCION INCIDENTAL PARA RETIRAR UNA MOCION.

Por medio de esta moción y si un miembro lo desea hacer, puede retirar una moción presentada por él.

Procedimiento

1) "Señor Presidente, pido permiso para retirar mi moción..." El presidente continúa diciendo: "Si no hay objeción, la moción queda retirada." En caso de haber objeción, entonces será necesaria una moción incidental para que la asamblea decida si se ha de retirar o no.

2) Debe ser secundada.

3) El presidente la pone a votación.

4) No admite enmienda.

5) No admite debate.

6) Si se vota a favor de retirar la moción, ésta se retira con todos sus apéndices.

7) Si se vota en contra de retirarla, entonces se sigue con la consideración de la moción.

8) Puede volver a presentarse después de haberse tratado otros asuntos que harían que fuese una proposición nueva.

9) En grado es superior a cualquier moción incidental. Es inferior a todas las de privilegio.

10) Está en orden cuando se discute cualquier moción y la presenta el proponente.

46. MOCION INCIDENTAL PARA SUSPENDER LAS REGLAS.

Cuando una regla parlamentaria que es buena para propósitos generales, pero que llega a ser un gran impedimento para la solución de algún asunto urgente, cabe una moción de suspensión momentánea de la misma.

47. VOTO NECESARIO PARA SUSPENDER LAS REGLAS PARLAMENTARIAS.

Siendo las reglas la defensa de los derechos del miembro, los miembros deben ser protegidos del abuso de la suspensión de las reglas. Por lo tanto, se requieren las dos terceras partes de los votos presentes para aprobar la suspensión. Sería más correcto hacerlo por una mayoría de votos para evitar el abuso.

Procedimiento

1) "Señor Presidente, propongo la suspensión de las r e g l a s parlamentarias." El miembro no mencionará ninguna regla en particular, pero sí el propósito que gobierna dicha suspensión.

2) Debe ser secundada.

3) El presidente la pone a votación.

4) No puede ser enmendada.

5) No admite discusión.

6) Si se vota a favor de la suspensión, la asamblea podrá actuar como desee sin tener en cuenta las reglas parlamentarias.

7) Si se vota en contra de la suspensión, entonces se sigue reglamentariamente la consideración del asunto.

8) Puede volver a presentarse después de alguna discusión de la moción principal.

9) En grado es superior a cualquier moción.

10) Está en orden cuando se desee que cualquier regla parlamentaria sea suprimida.

48. MOCION INCIDENTAL PARA DIVIDIR UNA MOCION.

Ya se ha dicho que una moción sólo debe contener una proposición. Cuando una moción contiene más de una proposición, un miembro tiene derecho de hacer una moción incidental para que sea dividida a fin de tratar separadamente los asuntos propuestos.

Procedimiento

1) "Señor Presidente, propongo que la moción sea dividida así..."

2) Debe ser secundada.

3) El presidente dice: "Ha sido propuesta una división. Si no hay objeción, se dividirá de la siguiente manera." Y la divide. Pero si hay objeción, entonces se pone a votación la moción de división.

4) No admite enmiendas. Aunque alguien puede sugerir otra división, si se rechaza la moción primera, puede presentarse una nueva moción con otra división.

5) No admite debate.

6) Si se vota a favor de la división, se dividirá.

7) Si se vota en contra de la división, se sigue tratando la moción como un todo.

8) No se puede volver a presentar en la misma forma.

9) En grado es superior a cualquier asunto del cual surja. Es inferior a todas las mociones privilegiadas y a cualquier moción incidental.

10) Está en orden cuando realmente una moción contiene más de una proposición.

Es una gran ventaja para mayor claridad que las mociones sean sencillas y contengan una sola proposición. Una división clara siempre ayuda a una mejor consideración de la moción.

49. MOCION INCIDENTAL PARA SUGERIR METODO DE CONSIDERACION.

Se refiere a fijar un tiempo para considerar la moción; sobre la manera de hacer la votación; la forma en que han de ser presentados los asuntos; el tiempo que se les ha de conceder a los que hagan uso de la palabra; etc.

Procedimiento

1) "Señor Presidente, propongo una moción incidental para que se proceda a..."
2) Requiere ser secundada.
3) El presidente debe repetir la moción tal cual se propuso.
4) Admite enmienda al método sugerido.
5) Ni la enmienda ni la moción admiten discusión.
6) Si se vota a favor del método sugerido, entonces se proseguirá según esta disposición.
7) Si se vota en contra del método sugerido, se sigue como si no se hubiera hecho la moción.
8) Puede volver a presentarse después de un período de discusión.
9) En grado es igual a las otras incidentales e inferior a las privilegiadas.
10) Está en orden en cualquier momento cuando se desee que la asamblea haga alguna provisión para la consideración de un asunto pendiente, siempre que ninguna moción de grado superior esté bajo consideración.

CAPITULO X

MOCIONES PRIVILEGIADAS

50. MOCIONES PRIVILEGIADAS.

Se les considera como las mociones de mayor grado. Se refieren al orden del día, defensa de los miembros en sus derechos, y a la clausura o levantamiento de la sesión. Son:

1) Fijar la hora para continuar la sesión (51)
2) Levantar la sesión (52)
3) Suspender la sesión o tomar un intermedio (53)
4) Cuestión de privilegio (54)
5) Orden del día (55)

51. MOCION PARA FIJAR LA HORA PARA CONTINUAR LA SESION.

Esta moción ayuda a ahorrar tiempo.

Procedimiento

1) "Señor Presidente, propongo que fijemos la hora para continuar la sesión." Y menciona la hora.
2) Debe ser secundada.
3) El presidente la pone a votación.
4) Admite enmienda con relación a la hora para la convocación de nuevas sesiones.
5) No puede ser discutida si hay otra moción bajo consideración.
6) Si se vota a favor, se convocará la reunión para la hora fijada.
7) Si se vota en contra, se sigue con la reunión como si no se hubiese hecho ninguna moción.

8) Puede ser presentada otra vez si ha pasado algún rato.
9) Esta moción es superior en grado a todas.
10) Está siempre en orden.

52. MOCION PARA LEVANTAR LA SESION.

Moción para dar por terminada una reunión.

Procedimiento

1) "Señor Presidente, propongo que se levante la sesión."
2) Requiere ser secundada.
3) El presidente la pone a votación.
4) No puede ser enmendada.
5) No admite discusión.
6) Si se vota a favor, el presidente declara clausurada la reunión. (P u e d e n entonces hacerse anuncios, cantar un himno y tener una oración.)
7) Si se vota en contra de la moción de clausura o de levantar la sesión, se sigue con la reunión.
8) No puede ser presentada otra vez sino hasta terminar algún debate o discusión.
9) En grado es inferior a la de fijar la hora•para continuar la sesión, pero superior a todas las demás.
10) No está en orden cuando un miembro está haciendo uso de la palabra, ni cuando se está verificando una votación, ni cuando se está dividiendo una asamblea.

53. MOCION PARA SUSPENDER LA SESION O TOMAR UN INTERMEDIO.

Esta moción tiene por objeto pedir la suspensión de la sesión por un tiempo limitado.

Procedimiento

1) "Señor Presidente, propongo que la asamblea

tome un intermedio por determinado período."
2) Debe ser secundada.
3) La presidencia la pone a votación.
4) Puede ser enmendada con relación al tiempo.
5) No admite discusión.
6) Si se vota a favor de la suspensión, el presidente la concede y llama al orden al terminar el plazo del tiempo fijado.
7) Si se vota en contra de tal suspensión o intermedio, la reunión prosigue.
8) Puede ser presentada otra vez cuando pase algún tiempo.
9) En grado es inferior a las mociones de levantar la sesión y a la de fijar la hora para continuar la sesión.
10) Está en orden en cualquier momento excepto cuando alguna de las mociones anteriormente mencionadas está pendiente.

54. CUESTION DE PRIVILEGIO.

Esta moción se relaciona con los derechos de la asamblea o de los miembros.

Procedimiento

1) "Señor Presidente, presento una cuestión de privilegio." El miembro no necesita permiso previo para hablar.
2) No requiere ser secundada.
3) El presidente dice: "Favor de establecer la cuestión." Entonces el miembro explica su razón.
4) No admite enmienda.
5) No admite discusión.
6) Si el presidente decide a favor de la petición, hace que se ponga en vigor. Cualquier miembro puede apelar la decisión del presidente. (Consúltese la moción incidental para apelar, párrafo 43.)

7) Si el presidente decide en contra de la petición, entonces el peticionario puede hacer dos cosas:

(1) sentarse

(2) apelar

(Consúltese la moción incidental para apelar, párrafo 43.)

8) No se puede volver a presentar esta moción una vez resuelta.

9) En grado es inferior a mociones de fijar la hora para continuar la sesión y de levantar la sesión. Es superior a las otras mociones.

10) Está en orden siempre que una moción superior no esté pendiente.

55. MOCION SOBRE ORDEN ESPECIAL Y ORDEN DEL DIA.

Cuando se cita a una asamblea se puede fijar la hora cuando se hayan de considerar los asuntos. El programa completo a seguirse es el orden del día.

Si previamente no se ha establecido el orden del día y alguien quiere de antemano hacerlo al comienzo de la reunión, puede presentarse una moción principal conteniendo un orden del día.

En ese caso se procede igual que en toda moción principal. Cuando se quiere llamar la atención al cumplimiento de un orden especial, o del orden del día, se procede de la siguiente manera:

Procedimiento

1) "Señor Presidente, llamo la atención al orden especial o al orden del día." El presidente puede, por sí mismo, llamar la atención a la asamblea.

2) No necesita ser secundada.

3) El presidente entonces dirá: "Pasemos al orden especial," suspendiendo la consideración del asunto que está ante la asamblea.

4) No puede ser enmendada.

5) No admite discusión.

6) Si la asamblea no está de acuerdo con suspender lo que se estaba haciendo para seguir el orden especial, entonces cabe una moción de suspender el orden especial para seguir con el asunto. Si se vota a favor de esta suspensión, entonces se sigue con la reunión tal como iba.

7) Si se vota en contra de la suspensión del orden especial, entonces debe seguirse con el orden especial.

8) No puede ser presentada otra vez sino hasta la hora determinada para su reconsideración.

9) En grado es inferior a cualquiera de las mociones para levantar la sesión y a las mociones privilegiadas, pero es superior a todas las demás mociones.

10) Está en orden siempre que la hora para tratar algún otro asunto en el orden del día haya llegado, salvo que esté bajo consideración alguna moción superior.

11) Si ningún miembro llama la atención sobre la hora de un orden especial, entonces pierde su privilegio y se sigue con la reunión.

CAPITULO XI

MOCIONES PARA RECONSIDERAR, REVOCAR O REPULSAR

56. MOCIONES PARA RECONSIDERAR.

Una moción principal no ha llegado a su fin a pesar de haber pasado por todas las vicisitudes del debate, de las mociones incidentales, subsidiarias, etc., y de haber sido aprobada. Posiblemente después de haber sido adoptada, la moción no satisface a la asamblea o a algún miembro. En dicho caso, podrá reconsiderarse mediante una moción de reconsideración.

Procedimiento

1) "Señor Presidente, propongo que sea reconsiderada tal moción..."
   El requisito que debe llenar quien esto propone es haber sido uno de los que votaron con la mayoría.
2) Necesita ser secundada.
3) El presidente la pone a votación.
4) No puede ser enmendada.
5) Si la moción que se trata de reconsiderar admitió debate, entonces ésta también es debatible, o sea que se abre otra vez el debate.
6) Si se vota a favor de la reconsideración, entonces la moción que se reconsidera vuelve a la asamblea tal como estaba antes de la votación que la adoptó.
7) Si se vota en contra de la reconsideración, la reunión sigue sin reconsiderar el asunto.

8) No puede ser presentada una vez rechazada con relación al mismo asunto.

9) En grado es inferior a las subsidiarias, a las incidentales, y a las privilegiadas.

10) Está en orden cuando al terminar una votación se desea volver a tratar el asunto. (Algunas asambleas establecen que una reconsideración puede hacerse sólo el mismo día que se aprobó la moción y con los mismos miembros.)

57. MOCIONES PARA REVOCAR O ANULAR ALGUN ACUERDO.

Cuando ya es demasiado tarde para reconsiderar una moción, ésta puede ser anulada o revocada si la asamblea así lo desea.

Procedimiento

El mismo que el acordado a la moción principal.

CAPITULO XII

PRECEDENCIA DE MOCIONES

58. EL PROBLEMA MAS DIFICIL E IMPORTANTE en el dominio de las reglas parlamentarias es el de la precedencia de las mociones. Un presidente que no conozca bien el orden de precedencia siempre tendrá dificultades. A continuación se considerarán los principios que rigen la prioridad:

59. EL LUGAR DE UNA MOCION PRINCIPAL.

Es importante saber que la moción principal es la de menor rango o grado de todas las mociones. La moción principal es la moción original que tiene una proposición sobre la cual la asamblea tomará una decisión.

Cuando se presenta surge la pregunta: "¿Será aprobada o será rechazada por la asamblea?" Pero antes de que la asamblea decida por mayoría de votos si se aprueba o rechaza, surgen muchos asuntos que necesitan ser resueltos. La moción principal da lugar a una serie de mociones subsidiarias, incidentales, de privilegio, etc.

El principio es claro: Cuando algunas mociones subsidiarias, incidentales, o privilegiadas surgen por la presentación de una moción principal, cualquiera de ellas tiene que preceder en orden de solución a la moción principal.

60. PRECEDENCIA DE LAS SUBSIDIARIAS Y PRIVILEGIADAS.

El orden de precedencia en un cuadro conjunto de mociones subsidiarias y privilegiadas sería:

1. MOCIONES PRIVILEGIADAS PARA LEVANTAR LA SESION — — { Fijar la hora para continuar la sesión (51) Levantar la sesión (52) Suspender o tomar un intermedio (53)

2. CUESTION DE PRIVILEGIO — — — { De la asamblea / Del miembro

3. ORDEN DEL DIA Y ORDEN ESPECIAL
4. OBJECION O REPARO A LA CONSIDERACION
5. VOLVER A LA MESA O PONER EN CARPETA

6. POSPONER PARA FECHA FIJA
7. CUESTION PREVIA
8. POSPONER INDEFINIDAMENTE
9. REFERIR O PASAR A COMISION

10. ENMENDAR

Resuelta cualquiera de estas mociones, se podrá votar sobre la moción principal con sus apéndices.

61. PRECEDENCIA DE LAS MOCIONES INCIDENTALES.

Generalmente estas mociones están comprendidas entre las privilegiadas y las subsidiarias. En lo que respecta a estas mociones, cualquier moción que surge incidentalmente con relación a otra moción toma precedencia sobre la moción de la cual surge.

La precedencia entre las mociones incidentales es la siguiente:

1) Cuestión de orden
2) Lectura de documentos
3) Permiso para retirar moción
4) Suspensión de reglas parlamentarias
5) División de la moción
6) Métodos de consideración
   (1) Limitar discursos
   (2) Cerrar debates
   (3) Votación, etc.

Todas estas mociones preceden a la moción principal.

CAPITULO XIII

DISCUSION O DEBATE

62. SU PROPOSITO.

Uno de los principales objetivos de una asamblea deliberativa es el intercambio de puntos de vista sobre los diversos asuntos que deben ser resueltos por el cuerpo. Los miembros necesitan tener toda la información asequible acerca de dichas cuestiones planteadas. Todos desearían expresar su opinión y convencer a otros de su criterio. La oportunidad para efectuar esto se presenta a través del privilegio del debate o discusión.

63. MOCIONES QUE ADMITEN DEBATE Y QUE NO ADMITEN DEBATE.

Como ya se ha observado al considerarse cada moción, hay algunas que admiten debate, otras que admiten un debate limitado, otras que no admiten debate. A continuación se presenta un resumen:

I. DEBATE SOBRE LOS MERITOS DEL ASUNTO QUE SE TRATA	Moción principal (59) Posponer indefinidamente (34) Enmendar (36) Reconsiderar (56)
II. DEBATES LIMITADOS	Posponer para fecha fija (32) Referir o pasar a comisión (35) Ciertas apelaciones
III. MOCIONES QUE NO ADMITEN DEBATE	Todas las demás mociones y asuntos no incluidos anteriormente

64. PRINCIPIOS QUE RIGEN ESTA CLASIFICACION.

1) Es razonable que se discutan las mociones principales, puesto que representan proposiciones presentadas ante el cuerpo deliberativo y si él no las discute no podrá hacer disposiciones atinadas de las mismas.

2) Si se ha de discutir una moción subsidiaria o no depende del efecto que dicha moción subsidiaria tendrá sobre la moción principal.

3) Las mociones incidentales surgen al tratarse los asuntos y es obvio que, si se admitiese discusión sobre cada una de estas mociones incidentales, se entorpecería mucho el progreso de la sesión. Las mociones incidentales en su mayoría no admiten discusión.

4) Las mociones privilegiadas no admiten discusión puesto que de ser cierto lo contrario, se haría muy tortuoso el progreso de la sesión.

65. OBTENIENDO Y MANTENIENDO EL USO DE LA PALABRA PARA DISCUTIR.

Lo primero será obtener el uso de la palabra, consiguiendo la autorización del presidente. (Consúltese el párrafo 15.)

66. QUIEN TIENE EL DERECHO DE PEDIR LA PALABRA PARA DISCUTIR.

1) Todos los miembros tienen igual derecho ante la asamblea que los ha reconocido como representantes. El que primero demanda el uso de la palabra debe ser atendido.

2) Pero ha venido a ser costumbre, por razón lógica, que si el que propuso la moción desea hacer uso de la palabra, sea el primero en tenerla.

3) Si en cualquier momento la presidencia indica el deseo de hablar sobre el asunto, él debe tener el privilegio de hacerlo. Por supuesto, cuidará de no quitar el uso de la palabra al miembro que la tiene. Si toma parte en contra o a favor,

debe dejar la presidencia al vicepresidente o al oficial que sigue en orden y reasumir la presidencia después de efectuada la votación correspondiente.

67. MANTENIENDOSE EN EL USO DE LA PALABRA.

1) Una persona no puede ser despojada del uso de la palabra mientras que observe las reglas parlamentarias y guarde el decoro.

2) Tal persona puede ser temporalmente interrumpida por cuestión de orden, por moción de privilegio, pero tan pronto como estos asuntos sean resueltos, ella podrá continuar.

3) Si está hablando cuando llega la hora de levantar la sesión o de suspender la sesión, entonces tiene derecho de seguir en el uso de la palabra al reanudarse la sesión.

4) Si uno voluntariamente deja el uso de la palabra, no tiene derecho a reclamarlo y tiene que esperar que se le presente otra oportunidad.

5) Este derecho de mantenerse en el uso de la palabra es a veces motivo de abuso. Por lo tanto, la asamblea p u e d e protegerse previamente adoptando una regla sobre la limitación del tiempo. De no existir esta regla al iniciarse la discusión será demasiado tarde presentar una moción al respecto después sin ocasionar grave conflicto.

68. REGLAS DEL DECORO.

De Parte del que Habla

1) Debe tener el debido respeto hacia los oficiales. Toda expresión debe dirigirse al presidente y no a la asamblea ni a determinado miembro. Debe recibir cualquier interrupción por parte del presidente o de otro miembro con agrado. Debe responder cortesmente y someterse a una

cuestión de orden o con todo respeto apelar la cuestión. No debe irritarse ni ser intransigente. No acusará espíritu de resistencia y de molestia para con ningún oficial.

2) Debe tener respeto hacia la asamblea.
Tendrá toda consideración y cortesía para con la asamblea como un cuerpo. Puede usar a su favor reglas de privilegio que le permitan defenderse de la asamblea, pero deberá usar estos derechos con respeto y sin abuso.

3) Debe tener respeto hacia cada miembro. El compañerismo debe prevalecer. Alusiones personales y ataques individuales están fuera de orden en la consideración del mérito, o falta de éste, de una moción. Si se deben emplear palabras severas deben ser de refinada firmeza y usadas solamente con un propósito de justicia hacia uno mismo o con relación al asunto bajo consideración. Cuando estas reglas no son observadas, el presidente tiene el derecho de llamar al orden por violación de las reglas del decoro. (Un timbre es impersonal y muy útil para estas cosas.)

De Parte de los Oficiales

1) Tienen el deber también de ser corteses con todos los miembros. El miembro haciendo uso de la palabra tiene derecho a la protección, atención y respeto de los oficiales.

2) Un oficial debe cuidar de no irritarse, no impacientarse, o no sentirse molesto porque eso pondrá en desventaja al miembro que está haciendo uso de la palabra. Debe ejercer dominio de sí mismo; el que no puede gobernarse a sí mismo difícilmente podrá gobernar a otros.

De Parte de la Asamblea

1) El miembro que hace uso de la palabra tiene el derecho de esperar que una asamblea le ponga atención y le escuche respetuosamente. No debe haber movimiento ni murmuraciones en grupos, en fin, nada que cause disturbio o indique indiferencia. Es indecoroso para una asamblea impedir que hable una persona que correctamente ha obtenido la autorización para hacer uso de la palabra.

2) Los aplausos deben prohibirse en una asamblea deliberativa. Si un cuerpo como tal no se respeta a sí mismo, no podrá esperar que sus integrantes lo hagan.

69. CASTIGO DEL DESORDEN O FALTA AL DECORO.

1) Cuando el problema radica entre dos miembros: Si durante la discusión un miembro ofende de palabra a otro, éste tiene el derecho de objetar su lenguaje. Puede ponerse en pie y decir: "Señor Presidente, yo objeto el lenguaje de..." El presidente debe suplicar al que habla que corrija su manera de expresión o retire la incorrección de sus palabras. Si el que habla retira lo dicho o se disculpa, ahí termina el asunto. Si rehusa retirar la expresión, el reclamante puede apelar a la asamblea para que decida si el ofensor fue indecoroso. Si la asamblea decide que el apelante tiene razón, el ofensor debe aceptarlo y actuar en consecuencia. Sin embargo, si no retira su expresión, debe prohibírsele seguir tomando parte en el asunto.

2) Cuando el problema radica entre un miembro y la presidencia: la presidencia tiene el derecho de llamar al orden al miembro por violación de las reglas parlamentarias o del decoro.

Si él no se somete, el presidente debe llamar la atención de la asamblea y ésta decidirá si es culpable o no. Si lo es, decidirá sobre el castigo, el cual generalmente consiste de privarle el tratamiento del mismo asunto.

3) Cuando se trata un asunto ajeno al que está en discusión, el presidente tiene el derecho de retirar la palabra al orador si persiste una vez llamado al orden.

70. NUMERO DE VECES QUE PUEDE HACER USO DE LA PALABRA UN MIEMBRO.

1) En apelaciones debatibles, una persona sólo puede hablar una vez.

2) En otras mociones debatibles, un miembro puede hacer uso de la palabra varias veces, pero debe ser advertido tocante al derecho de otros. La asamblea puede limitar previamente el número de participaciones a dos o más.

3) Si se limita el número de veces que se puede hacer uso de la palabra sobre la moción principal, también debe limitarse al mismo número las veces que se puede hacer uso de la palabra sobre las enmiendas.

4) Si se ha limitado el uso de la palabra a dos o más veces, esto no impide que un miembro pueda hablar para explicar, aclarar o hacer preguntas, pero el presidente asegurará que sólo se trata de explicar o hacer preguntas.

5) Es sensato limitar a dos veces o a un número exacto de veces las participaciones en el uso de la palabra de cada miembro, particularmente en asambleas numerosas.

71. CUANDO DEBE CESAR EL DEBATE.

1) Hasta el momento de tomarse el voto en contra, cualquiera tiene derecho de discutir una moción.

2) En votaciones nominales (a saber, aquellas en

que la secretaría pasa lista de los mensajeros registrando la afirmativa o negativa de cada uno), el debate debe cesar al leerse el primer nombre.

3) En votaciones por separación (Consúltese el párrafo 23), el debate cesa al iniciarse el proceso de separación.

72. MANERAS DE CORTAR UN DEBATE.

1) Cuando de acuerdo con las reglas está fuera de orden, por no admitir debate el asunto.

2) Si la asamblea está cansada del debate, alguien podrá plantear la cuestión previa. (Consúltese el párrafo 33.)

3) Por una moción incidental pidiendo que cese el debate o que cese a determinada hora. Al llegar dicha hora, se da por terminado el debate.

4) Por una moción incidental pidiendo la limitación del uso de la palabra a dos o a cinco minutos o a más tiempo. Tal moción debe hacerse previamente, antes de comenzar el debate, a fin de evitar conflicto. Si cuando se presenta una moción de esta naturaleza no hay moción principal delante del cuerpo, entonces tal moción se considera principal y es debatible. Pero si está ante la asamblea una moción principal y entonces se presenta esta moción sobre la limitación del debate, la tal se considera incidental y no es debatible.

CAPITULO XIV

COMISIONES

73. SU PROPOSITO.

Una comisión se compone de una o más personas a quienes se les ha encomendado algo. Es más fácil discutir algunos asuntos en grupos pequeños. La decisión final generalmente será tomada por la asamblea, pero resulta mucho mejor que un asunto venga ante la asamblea bien estudiado. En pequeños grupos se consideran detalles que no sería propio discutir en la asamblea.

74. DIFERENTES CLASES DE COMISIONES.

Hay tres clases de comisiones:
1) permanentes
2) transitorias
3) del conjunto

75. COMISIONES PERMANENTES.

Estas comisiones son generalmente designadas al constituirse el cuerpo. Generalmente los estatutos o reglamentos del cuerpo las establecen y regulan. Si no están establecidas así, cualquier miembro puede proponer la creación de una comisión indicando el número de miembros y la manera en que serán nombrados. Si no indica el número ni forma de designación, se hará como si fuera una comisión especial. Esta comisión permanente seguirá actuando en la consideración de asuntos por el tiempo que fije la asamblea.

76. COMISIONES TRANSITORIAS.

Estas se crean para un asunto determinado en oportunidad especial. Al terminar el trabajo conferido, cesan en sus funciones.

1) Una persona puede proponer la creación de una comisión transitoria para realizar determinado trabajo, indicando en su moción el número de personas que formarán parte de dicha comisión y la manera en que serán designadas.

2) Si el miembro que hace dicha moción no fija el número de miembros en la comisión, entonces el presidente preguntará: "¿Cuántos formarán parte de la comisión?" El proponente puede sugerir el número y si no hay objeción, se sigue adelante. Si otro miembro sugiere distinto número, se buscará conciliar criterios de una manera sencilla. De no ser posible conciliar criterios, el presidente puede poner a votación el número, comenzando por el número mayor propuesto. Por supuesto otro plan sería la presentación de una enmienda sobre el número, observándose en este caso las reglas parlamentarias debidas.

3) Si la moción no indica cómo debe nombrarse la comisión, el presidente puede preguntar: "¿Quién nombrará la comisión?" El proponente u otro miembro podrá sugerir cómo se nombrarán los miembros. Si nadie lo hace, el presidente, una vez aprobada la creación de la comisión, procederá a nombrar a los miembros. Si alguien propone un método de nombramiento, la moción seguirá el curso parlamentario. (Consúltese el párrafo 49.)

77. NOMBRAMIENTO DE LOS MIEMBROS DE UNA COMISION.

Nunca debe hacerse por capricho o favoritismo, sea el presidente o la asamblea quien los nombre. A continuación se presentan algunas reglas que convendrá tener presentes:

1) El presidente debe ser designado siempre primero, a menos que él decline formar parte de

la comisión. Si el cuerpo desea nombrar presidente de la comisión a otra persona, entonces debe nombrarse a dicha persona en primer lugar.

2) Todos los miembros del cuerpo tienen igual derecho y consideración de ser miembros de una comisión, pero debe tenerse en cuenta la naturaleza de la comisión que se necesita al nombrar a sus miembros.

3) La comisión debe tener la mejor representación posible de los distintos puntos de vista de la asamblea, excepto cuando el propósito principal de la comisión es promover un proyecto en la asamblea. En este caso los más interesados en promover el asunto deben tener preponderancia. Si la comisión ha sido nombrada para dar ejecución a un acuerdo de la asamblea, deberá estar integrada por los que más simpaticen con el deber encomendado.

78. TRABAJO DE UNA COMISION.

1) La comisión sólo puede funcionar cuando quede integrada. Aquél cuyo nombre esté en primer lugar en la lista debe convocar a la comisión.

2) Una vez reunida la comisión puede seguir siendo presidida por quien la convocó, pero cualquier miembro tiene el derecho de proponer a otra persona para presidirla, a menos que la asamblea haya nombrado su presidente.

3) Si el primero en la lista no convoca a la comisión, dos miembros podrán hacerlo.

4) Se puede nombrar a un miembro como secretario de la comisión. Este trabajo también lo puede hacer el presidente si no resultase necesario el nombramiento de un secretario.

5) Si la asamblea no ha establecido un quórum, éste será la mitad más uno de los miembros de

la comisión. No obstante, algún miembro puede excusarse de asistir a la reunión y consentir previamente con su voto. Si definitivamente no puede cooperar con la comisión, deberá comunicárselo a la asamblea o al presidente del cuerpo deliberativo a fin de que éste nombre a otro que lo reemplazará. En caso de que la comisión tome un acuerdo sin quórum, deberá informar este hecho a la asamblea en oportunidad de presentar su informe.

6) Las reuniones de una comisión son públicas pero la comisión tiene el derecho de declarar que las sesiones se verificarán en secreto.

Procedimiento

1) El presidente llama al orden.
2) Se comprueba el quórum.
3) Se nombra secretario si es necesario.
4) Se informa cuál es el trabajo de la comisión.
5) Se pasa a considerar diversas sugestiones sobre el trabajo entre manos.
6) De ser deseable, se podrá distribuir el trabajo en subcomisiones, a fin de que éstas informen a la comisión.
7) Luego se toman las decisiones y se prepara el informe para la asamblea.
8) Si se le entrega algún documento a la comisión, ésta será responsable de evitar que se manche o se maltrate dicho documento.
9) Las reglas parlamentarias son observadas en las reuniones de una comisión pero de manera más sencilla que en las asambleas. Si algún miembro provoca algún desorden, debe informarse a la asamblea.
10) El informe a la asamblea debe c o m e n z a r: "Vuestra comisión a la cual le fue conferida

... informa:" El contenido del informe debe estar redactado en tercera persona. El informe termina con: "Respetuosamente por la comisión, Presidente." Una vez presentado el informe, la comisión transitoria cesa en sus funciones.

11) Si la comisión no estuvo unánimemente de acuerdo con el informe, el criterio de la mayoría es el informe de la comisión. El criterio de la minoría, si ésta lo desea, puede ser presentado en un informe de la minoría o en un informe minoritario. Este grupo tiene el derecho de presentarlo y discutirlo ante la asamblea.

79. RECEPCION Y CONSIDERACION DEL INFORME DE UNA COMISION.

1) A la hora indicada o ante la solicitud del presidente del cuerpo deliberativo, el presidente de la comisión presentará el informe de su comisión a la asamblea. Dicho informe debe ser leído. En caso de haber un informe minoritario, éste debe ser leído seguidamente.

2) Si el informe sólo contiene información para el cuerpo, deberá ser recibido, entregado al secretario, el cuerpo a su vez dándose por enterado.

3) Si el informe contiene un asunto que debe ser motivo de consideración por la asamblea, el presidente preguntará: "¿Qué haremos con el informe?" Y puede surgir una moción con relación al informe. Si hay un informe minoritario, se podrá hacer una moción para substituir dicho informe por el anterior, observándose entonces las reglas parlamentarias sobre mociones substitucionarias.

4) Si el informe de una comisión es presentado como una moción principal, estará sujeto al

mismo proceso reglamentario de la precedencia de mociones. (Consúltese el párrafo 58.)

5) El informe de una comisión no debe darse a conocer a personas ajenas a la comisión, a no ser que en la comisión haya habido autorización para hacerlo.

80. COMISION DEL CONJUNTO.

1) Es la misma asamblea constituida en una comisión para tratar un asunto conferido a ella de manera menos formal y para considerarse en plazo determinado.

2) En cualquier momento un miembro de la asamblea puede presentar una moción pidiendo que la asamblea se constituya en una *comisión del conjunto* para considerar tal o cual asunto. Si la moción es aprobada, el presidente abandona su lugar, ocupa un sitio en la asamblea y se pasa a elegir un presidente para dicha comisión del conjunto. El mismo secretario de la asamblea actúa como secretario de la comisión.

3) El quórum es el mismo que el requerido para la asamblea.

4) Reglas especiales para la reunión de esta comisión:

(1) No se fijan límites para los turnos que un miembro puede tener para hacer uso de la palabra;

(2) No se limitan las discusiones;

(3) Las mociones de volver a la mesa, de posponer, de cuestión previa están fuera de orden;

(4) No hay orden del día;

(5) No se puede referir ningún asunto a una subcomisión.

(6) No se puede castigar conducta desordenada; sólo se podrá informar a la asamblea sobre el particular. Si persiste el desorden,

el presidente del cuerpo ocupará la silla y procederá a disolver la comisión del conjunto;

(7) No puede haber votación nominal;

(8) La comisión no podrá suspender la sesión. Si desea levantar la sesión será a base de una moción para informar sobre el progreso de sus deliberaciones ante la asamblea. En dicha oportunidad, la asamblea decidirá si continuará dicha comisión en sus funciones o no.

(9) Si una comisión completa su trabajo, entonces pedirá al presidente del cuerpo que ocupe su lugar a fin de procederse a la lectura del informe a la asamblea. Se seguirá adelante como si fuera el informe de alguna otra comisión. De otra manera, el informe de la comisión del conjunto se leerá cuando la asamblea así lo dispusiere.

A P E N D I C E

MAYORIAS

81. TODO ACUERDO O ELECCION DE UNA PERSONA PARA ALGUN CARGO DEBE TOMARSE POR MAYORIA DE VOTOS.

Mayoría es la mitad más uno, si es que un estatuto no establece específicamente otra cosa. Un estatuto puede exigir:

1) Unanimidad
2) Mayoría absoluta
3) Mayoría de los presentes
4) Mayoría de un quebrado, 4/5, 3/4, etc.
5) Mayoría de votos.

82. UNANIMIDAD.

Esta es una regla muy severa y casi nunca se exige.

83. MAYORIA ABSOLUTA.

Solamente se exige cuando así se establece en la constitución o estatuto. Quiere decir que deben votar a favor la mitad más uno de los miembros que integren el cuerpo, estén o no presentes. Por ejemplo, si la asamblea tiene 200 miembros o representantes registrados y están en la sesión 150, se requerirán 101 votos para lograr una mayoría absoluta (la mitad más uno de sus miembros).

84. MAYORIA DE LOS PRESENTES.

Sólo se aplica cuando así se estipula en la constitución o en los estatutos. Por ejemplo, una asamblea tiene 200 miembros registrados y están presentes en la sesión 150; se requerirán 76 votos para lograr una mayoría de los presentes.

85. MAYORIA DE UN QUEBRADO O ESPECIAL.

Sólo se aplica cuando así se estipula en la constitución o en los estatutos. Puede ser: 2/3 partes de los miembros presentes o bien, las 4/5 partes, etc., en lugar de la mitad más uno. Por ejemplo: En una asamblea de 200 miembros hay 150 presentes y un artículo del estatuto de la asociación establece que son necesarias las 3/4 partes de los miembros presentes para tomar determinado acuerdo. Entonces la mayoría sería: 3/4 de 150, o sea 113 votos necesarios para tomar el acuerdo.

Asimismo un estatuto puede establecer que se requieren las 2/3 partes de los miembros del cuerpo para tomar un acuerdo. Por ejemplo: En una asamblea de 200 miembros están presentes 150, pero el acuerdo sólo puede tomarse si votan las 2/3 partes de 200, o sea, 134. Obsérvese que en los ejemplos citados, cuando las divisiones no resultaron exactas, se aumentó uno más por el residuo.

86. MAYORIA DE VOTOS.

Cuando simplemente se dice mayoría, o en los estatutos no se dice nada sobre las mayorías, se entiende que ningún acuerdo ni candidato a un cargo puede pasar sin tener mayoría de votos.

La mayoría de votos se determina por la mitad más uno de todos los que emitieron su voto a favor o en contra. Por ejemplo, Hay 200 miembros inscritos en una asamblea. Están presentes en la sesión 150. Se pone a votación un asunto o un candidato. 80 votan a favor y 70 en contra. Total de votos: 150. La votación a favor tiene mayoría en este caso que votaron todos los presentes.

Pero supongamos que sólo 40 votaron a favor, 35 en contra, los demás absteniéndose de votar. Entonces se suman los votos emitidos o sea: 40 más 35 igual a 75. Los que votaron a favor tienen mayoría porque la mitad más uno de los votos emitidos es 39.

En mociones y asuntos siempre son dos las actitudes o los votos: a favor y en contra. Si el individuo no ejerce el derecho de votar, le otorga a otro el derecho de hacerlo y entonces tendrá que conformarse con lo que decida esa mayoría. De ahí que es frecuente oir decir que "los que se abstienen se suman a la mayoría".

Cuando se trata de varios candidatos y ninguno obtiene la mayoría que señala o que requieren los estatutos, entonces se procederá a la eliminación de los candidatos que obtienen menor número, siempre dejando a consideración el doble de candidatos que cargos.

Si los estatutos no establecen ninguna mayoría, se interpreta que se puede salir elegido por mayoría de votos, es decir, la mitad más uno de la totalidad de votos emitidos. Por ejemplo, en una asamblea de 200 miembros registrados, con 150 presentes, debe elegirse a una persona para un cargo para el cual han sido propuestos ocho candidatos. El resultado es el siguiente:

A	20
B	48
C	10
D	32
E	8
F	12
G	6
H	4

Total de votos emitidos _____ 140

La mitad más uno de los votos emitidos es 71. Ninguno de los candidatos recién mencionados salió elegido, pues aunque bien es cierto que por B votaron 48, sucede que en su contra votaron 92. Por lo tanto, el presidente deberá anunciar que se volverá a votar entre B y D (el doble del número de cargos) para dar mayoría a uno.

B	52
D	32

Total de votos emitidos _____ 84

La mitad más uno de los que votaron, 43. Luego B salió elegido, puesto que los que se abstuvieron de votar conceden que otros decidan, aunque generalmente los que votan la primera vez por otros, apoyan en la segunda votación a uno de los candidatos seleccionados.

En caso de que se fueran a designar dos o más personas para dos o más cargos, entonces se procederá contando los votos que pueden ser emitidos al principio, determinándose de antemano la mayoría. Se presentan los candidatos y se permite votar por dos o más personas, según cargos a elegir. Si terminada la votación ninguno obtuvo mayoría, se procederá a poner a votación los cuatro (si se trata de dos cargos) que tuvieron mayor número de votos. Si uno salió elegido al principio y otro no, entonces y quedando un solo cargo, basta seleccionar para discutir los dos candidatos en segundo y tercer lugar.

Reduciendo siempre a dos, se llegará a la mayoría de votos pues forzosamente uno obtendrá la mitad más uno de los que ejercen su voto.

Si en este último caso no votó la totalidad de los presentes y se produce un empate, se vuelve a votar para dar oportunidad para romper el empate. Si se repite el empate, entonces el presidente ejerce su voto selectivo.

Si votó la totalidad de los presentes, entonces no será necesario volver a votar en caso de empate, pues el presidente ejercerá su voto selectivo si la votación no fue por cédula, puesto que él no votó antes. Si la votación fue por cédula y en caso de que el presidente votó de acuerdo a su derecho, entonces un procedimiento usado es el del sorteo entre ambos candidatos.

87. RESUMEN DE MOCIONES Y SU CONSIDERACION

Párrafo	PRECEDENCIA	Necesita ser Secundada = S	Admite Enmienda = E	Admite Debate = D	Puede ser Presentada Nuevamente = N
	PRIVILEGIADAS				
51	Fijar la hora para continuar la sesión	Sí	Sí*	No*	Sí*
52	Levantar la sesión	Sí	No	No	Sí*
53	Suspender la sesión o tomar un intermedio	Sí	Sí*	No	Sí*
54	Cuestión de privilegio	No	No	No	No
55	Orden especial y orden del día	No	No	No	No
	SUBORDINADAS O SUBSIDIARIAS				
30	Objeción o reparo a la consideración	No	No	No	No
31	Volver a la mesa o poner en carpeta	Sí	No	No	Sí*
32	Posponer para fecha fija	Sí	Sí	No	Sí*
33	Cuestión previa	No	No	No	Sí*
34	Posponer indefinidamente	Sí	Sí	No	Sí
35	Referir o Pasar a comisión	Sí	Sí*	Sí *	Sí*
37	Enmendar-parcial	Sí	Sí*	Sí	No
38	Enmendar-total (sustituta)	Sí	Sí	Sí	No
	INCIDENTALES				
42	Cuestión de orden	No	No	No	No

43	Apelar	No	No	Sí *	No
44	Lectura de documentos	Sí	No	No	No
45	Retirar una moción	Sí	No	No	No
46	Suspender las reglas parlamentarias	Sí	No	No	Sí*
48	División de la moción	Sí	No	No	No
49	Métodos de consideración	Sí	Sí*	No	Sí*
56, 57	Reconsiderar, revocar o repulsar	Sí	No	Sí * No*	No
59	Moción Principal	Sí	Sí	Sí	Sí

Nota: *Significa que tal posibilidad está subordinada a determinado requisito que se aclara al considerar el proceso de la moción.

Estudiese "El Camino de una Moción" gráficamente ilustrado en las páginas 86 y 87.

A P E N D I C E

R E S U M E N   D E
R E G L A S   P A R L A M E N T A R I A S

D E D I C A D O

A   L O S   Q U E

P R E S I D E N

REGLAS PARLAMENTARIAS

PROPOSITO DE LAS REGLAS PARLAMENTARIAS

1. Las reglas parlamentarias deben ser conocidas y usadas a fin de obtener la opinión de la mayoría y conceder, a la vez, los derechos a la minoría. .

2. Las reglas parlamentarias deben asegurar que se tome una sola decisión a la vez.

3. Las reglas parlamentarias deben tener la finalidad de mantener ante la iglesia o la asociación la idea de grupo en vez de la idea de la individualidad.

COMO ORGANIZAR A FIN DE DESPACHAR ASUNTOS

Cuando una asamblea desea organizarse, los miembros pueden sugerir que uno de los presentes actúe como presidente. Quien así actúa establece el propósito de la organización y solicita que los miembros propongan alguna persona para que actúe como presidente de la reunión. Cuando se toma la votación so-

bre el nombre o los nombres propuestos, el presidente
elegido ocupa la silla presidencial y sigue el mismo
procedimiento hasta tanto completar la organización,
debiéndose elegir secretario y otros oficiales como se
crean necesarios.

DEBERES DEL PRESIDENTE

1. Dar comienzo a la reunión a la hora designada y
   llamar al orden a la asamblea.
2. Anunciar los asuntos a tratarse ante la asamblea
   en el orden según el cual deberán considerarse.
3. Recibir y presentar de manera correcta todas las
   mociones y proposiciones presentadas por los miembros.
4. Poner a votación todas las proposiciones sobre las
   que se han hecho mociones o que por necesidad
   surgen en el curso de la reunión. Siempre debe
   anunciar los resultados de la votación.
5. Limitar el debate de acuerdo con las reglas del
   orden.
6. Poner en vigor la observancia del orden y del decoro entre los miembros.
7. Recibir todos los mensajes y todas las comunica-
   ciones y anunciarlas al grupo.
8. Firmar todos los documentos, órdenes y actas del
   grupo.
9. Informar al cuerpo deliberante cuando sea necesario o cuando se le pide con motivo de una cuestión
   de orden o sobre alguna decisión.
10. Nombrar a los miembros que integrarán comisiones.
11. Representar y apoyar la decisión de la mayoría y
    en todas las cosas llevar a cabo sus direcciones.

ORDEN DEL DIA SUGERIDO

Nota: El orden del día o programa sugerido para la

asociación sería empleado en lugar del que a continuación se da.

1. Reunión llamada al orden por el presidente, quien se pondrá en pie y dirá: "Declaro abierta la sesión."
2. Período devocional.
3. Lectura del acta de la última sesión.

Ejemplo—

El presidente dirá: "El secretario leerá el acta correspondiente a la última sesión." Después de haberse dado lectura al acta, el presidente dirá: "Si hay alguna corrección al acta este es el momento de hacerla. Si no la hay, queda aprobada." Si hubiere correcciones, el presidente indicará que se hagan, a menos que hubiere objeción. En caso de haber objeción, será necesaria una votación sobre la fraseología. Si el acta es aprobada y si posteriormente se observa algún error, se requerirá un voto para poder hacer dicha enmienda.

4. Informes de las comisiones, a solicitud del presidente.
   a. Comisiones permanentes
   b. Comisiones transitorias

Procedimiento—

En cada caso, el presidente pedirá que el presidente de la comisión presente el informe. Una moción para recibir o adoptar el informe debe pedirse y dicha moción debe ser secundada. Luego de haberse hecho esto, el informe queda sujeto a discusión y enmienda como asunto regular. (Consúltese la sección sobre mociones.)

Ejemplo—

Presidente: "A continuación se pasará a escuchar el informe de la Comisión de Edificación."

El presidente de la comisión leerá su informe.

Presidente: "¿Tiene alguien a bien hacer una moción para recibir este informe?"

Miembro: "Propongo que se reciba este informe."

Segundo Miembro: "Secundo la moción."

Presidente: "Hemos oído la moción debidamente secundada para que sea recibido el informe. ¿Hay discusión?" "Si no hay discusión, se pasará a la votación." Si los miembros están listos, se hace la votación para aprobar o para rechazar la moción. El presidente podrá decir: "Todos los que están a favor, indíquenlo con un 'Sí'. Los que están en contra, con un 'No'. Queda aceptado el informe."

5. Asuntos pendientes, es decir, cualquier asunto que haya quedado de la sesión anterior.

6. Eventuales o asuntos nuevos.

7. Moción para levantar la sesión.

Debe ser secundada y no puede ser discutida.

VOTACION

Sólo los miembros tienen derecho de hacer mociones, de votar, y de ocupar puestos oficiales. Son cuatro los métodos empleados para tomar la votación:

1. Por aclamación o a viva voz. El presidente dirá: "Todos los que estén a favor dirán 'Sí'. Todos los que están en contra, 'No'."

2. Poniéndose en pie o levantando la mano.

3. Por cédula, es decir, la distribución de papel en blanco cuya finalidad es la de permitir que cada miembro anote su voto, sea 'Sí' o 'No' o bien, el nombre de un candidato.

4. Pasando lista o pidiendo que cada uno en la nómina dé su voto individual verbalmente, sea "Sí" o "No".

La votación por cédula permite una expresión más libre de la opinión y resulta el mejor método cuando se acusa pronunciada diferencia de opinión. Por aclamación es el método generalmente empleado para mociones ordinarias.

No se deben admitir votos por ausentes, es decir,

que algún miembro presente vote por uno que ha faltado.

Explicación de Votos de Mayoría y Pluralidad

En una elección, la pluralidad de un candidato representa el número de votos que tiene en exceso de los votos de algún otro candidato, especialmente de los votos del candidato que le sigue para el mismo puesto; tiene una mayoría cuando tiene más de la mitad de los votos legales, ignorando los votos en blanco. Por ejemplo, suponiendo que el número total de votos es de 100

A recibe 45 votos
B recibe 40 votos
C recibe 15 votos

"A" tiene una pluralidad de 5 votos (o de 30) pero no tiene una mayoría de votos, puesto que la mayoría del número total de votos de 100 sería de 51 o más.

MOCIONES

1. Siempre debe de ponerse en pie quien haga una moción.
2. Siempre debe dirigirse al presidente para pedir la palabra. El presidente, reconociendo al miembro, dirá: "El señor... tiene la palabra." No se podrá hacer una moción sino hasta tanto que el miembro que la proponga haya sido reconocido por el presidente.
3. Preséntese la moción de la siguiente manera: "Propongo que..." o "Hago moción que...".
4. Las mociones tienen que ser secundadas. No es nesario que el que secunda se ponga en pie.
5. Luego de haber sido secundada, la moción debe ser repetida por el presidente de la manera siguiente: "Se ha hecho moción y ésta ha sido secundada que... ¿Hay discusión?"

6. Después de la discusión se tomará la votación. (Consúltese la sección sobre la votación.)
7. Si hay alguna moción ante la asamblea, ninguna otra moción puede ser considerada salvo alguna enmienda a dicha moción, la cuestión previa, o una moción para levantar la sesión, hasta tanto la moción presentada haya sido votada.

CLASIFICACION DE MOCIONES

Mociones que Admiten Discusión

1. Fijar la hora para continuar la sesión (discusión limitada).
2. Suspender la sesión o tomar un intermedio (discusión limitada).
3. Moción para limitar o extender los límites de los debates (discusión generalmente limitada y que requiere el voto de las dos terceras partes a favor).
4. Moción para posponer indefinidamente.
5. Moción para referir o pasar a comisión.
6. Moción para enmendar.
7. Moción para tomar de la mesa.
8. Moción para reconsiderar (debe ser hecha por quien votó a favor del asunto a reconsiderarse).
9. Moción para revocar.
10. Moción para adoptar una resolución
11. Moción para posponer para fecha fija.

Mociones que No Admiten Discusión

1. Moción para levantar la sesión.
2. Moción sobre cuestión de privilegio (el que esté hablando puede ser interrumpido; no requiere que sea secundada).
3. Moción sobre el orden del día (puede interrumpir al que esté hablando; no requiere que sea secundada).

4. Moción para volver a la mesa, poner en carpeta o tomar de la mesa.

5. Moción para leer documentos.

6. Moción para la división de una moción (tal división significará que se tomará la votación por partes o sobre una parte en lugar de la totalidad de la moción).

7. Moción para cuestión de orden (puede interrumpir al que esté hablando; no requiere que sea secundada).

8. Moción para la cuestión previa (requiere en la mayoría de los casos el voto de las dos terceras partes).

9. Moción para suspender las reglas parlamentarias (requiere el voto de las dos terceras partes a favor).

10. Moción de objeción a la consideración de interrumpir al que está hablando (no requiere que sea secundada; requiere un voto de las dos terceras partes).

ENMIENDAS

1. Una enmienda es una moción, su propósito siendo el de cambiar o modificar una moción anterior.

2. Una enmienda puede ser secundada.

3. Una enmienda admite discusión.

4. Una enmienda puede ser enmendada.

5. La fraseología correcta para una enmienda es la siguiente:
"Yo hago moción de enmendar la moción que..."

6. Métodos de hacer enmiendas:
a. Quitando cierta palabra o frase
b. Añadiendo una palabra o palabras o frase

Ejemplo—
"Yo hago moción de enmendar la moción que quite las palabras..."

7. Una enmienda debe ser votada antes de la moción principal. Si se acepta la enmienda, la moción de-

be leerse tomándose dicha enmienda en cuenta y pasar a la votación de la moción completa. Si la enmienda no es aceptada por votación, la moción será presentada tal cual fue propuesta originalmente.

ACTAS

1. El acta informa sobre lo que se llevó a cabo. Debe aparecer cada moción que haya sido aceptada o rechazada. Los detalles de los informes presentados no son necesarios. Las resoluciones, si son adoptadas, deben, en su totalidad, pasar a formar parte del acta.

2. La votación por cédula debe figurar, informando el número de votos a favor y en contra.

3. El acta no debe opinar ni favorable ni desfavorablemente.

4. El acta debe estar escrita solamente en las páginas de la mano derecha del libro de actas, dejando las hojas de la mano izquierda para correcciones o enmiendas. Abranse párrafos con regularidad. Déjese un margen de unos cinco centímetros. El acta puede ser enmendada.

INFORMES

1. El informe de la tesorería debe detallar todo el dinero recibido en caja y todo aquel que haya salido desde la última sesión y asimismo, un informe del saldo en caja.

2. Todas las comisiones permanentes deben tener la oportunidad de informar en cada reunión. Si no cuentan con informe, el presidente de dicha comisión se excusará ante el presidente de la asamblea: "No tenemos informe en esta oportunidad." Los informes de las comisiones deben comprender todo

el trabajo realizado por ellas, como así también so-
licitudes para determinadas sumas si la comisión
necesita dinero para realizar el trabajo encargado,
como así también cualquier otro asunto que la comisión crea oportuno informar a los miembros para
su discusión.

EXPLICACION DE LOS TERMINOS USADOS

Cuerpo Deliberante: la organización.

Reunión o sesión: la congregación de los miembros.

Quórum: número necesario de miembros de acuerdo
con la constitución o los estatutos para atender a
los asuntos, número que podría ser la mitad o las
dos terceras partes de los miembros.

Hacer una moción: proponer que tal cosa sea hecha.
Debe ser secundada o apoyada, es decir, la idea propuesta necesita ser aprobada por una segunda persona quien lo declara con las siguientes palabras:
"Yo secundo la moción" o "Yo apoyo la moción".

Enmendar: cambiar o modificar una moción.

Levantar la Sesión: clausurar o dar por terminada una
reunión.

Acta: informe del trabajo efectuado en cada reunión,
informe que a su vez es presentado por el secretario.

La Silla: el oficial que preside.

Dirigirse a la Silla: pedir la palabra del oficial que
preside.

Cédula: votar por medio de papeles individuales en
blanco.

Voto de Mayoría: los votos de uno más que la mitad
de los miembros presentes en la sesión.

Ex Oficio: por virtud de puesto. "El presidente es un
miembro ex oficio de dicha comisión."

Pedir la Palabra: obtención del derecho de hablar;
permiso y reconocimiento que deben ser otorgados
por el presidente. Nadie puede hablar a menos que

haya sido reconocido y autorizado por el presidente.

Comisión Permanente: una comisión cuyos derechos de existencia radican en la constitución y cuyos miembros la integran por un año.

Comisión Especial: una comisión nombrada para un encargo específico.

Poner en Carpeta: posponer una moción para mayor consideración en otra sesión.

Referir o Pasar a Comisión: delegar cierto trabajo a una comisión pequeña a fin de que dicha comisión pueda estudiar el asunto más a fondo.

Pro Tempore: por el presente. "El secretario pro tempore", es decir, quien actúa como secretario en ausencia del mismo.

OFICIALES DE LA ASOCIACION

1. Presidente
2. Vicepresidente
3. Secretario
4. Tesorero
5. Historiador
6. Presidente de la Comisión de Evangelismo
7. Presidente de la Comisión de Misiones
8. Superintendente de la escuela dominical
9. Director de la Unión de Preparación
10. Presidente de la Unión Femenil Misionera
11. Presidente de la Sociedad de Hombres
12. Director de Música
13. Presidente de la Comisión de Mayordomía
14. Presidente de Publicidad y Educación
15. Presidente del trabajo de biblioteca

Los deberes de estos oficiales aparecen detallados en libros versando sobre reglas parlamentarias y en los manuales de las respectivas auxiliares.

Estos oficiales deben ser elegidos anualmente antes de clausurar la reunión anual y deben servir en la capacidad a la cual fueron elegidos hasta el fin de la próxima reunión anual de la asociación.

Generalmente, los primeros cuatro oficiales de esta lista son propuestos por los presentes y los restantes once, sugeridos por una comisión. No obstante, todos pueden ser propuestos por los miembros en la reunión o bien, por una comisión. Todos son elegidos por la asociación.

COMISIONES

1. Comisión Ejecutiva, integrada por tales representantes de las iglesias y oficiales de la asociación como se haya determinado. Los primeros cuatro oficiales actúan como oficiales de la Comisión Ejecutiva.
2. La Comisión de Promoción consiste de los oficiales elegidos de las auxiliares: escuela dominical, Unión de Preparación, Unión Femenil Misionera, Sociedad de Hombres, y música. El vicepresidente puede actuar como presidente de esta comisión.
3. La Comisión de Evangelismo con el presidente de la asociación como organizador y tres pastores.
4. La Comisión de Misiones compuesta por cinco para trabajar con el misionero para trazar y promover un intenso trabajo misionero dentro de la asociación.
5. La Comisión de Presupuesto y Finanzas de la cual el tesorero sería el presidente más indicado.
6. La Comisión de Programa compuesta por el presidente, el vicepresidente, el secretario y tales otros como crea conveniente el presidente.

PROGRAMA SUGERIDO

PRIMER DIA

Sesión de la mañana

Llamar al orden

Devocional
Organización
Adoptar el orden del día o el programa
Informe de la Comisión Ejecutiva
Sermón anual

PRIMER DIA

Sesión de la tarde

Himno y oración
Nombramiento de comisiones
Informe de la cooperación con los trabajos misioneros
    convencionales
Informe del misionero regional
Sermón
Trabajo de beneficencia
Informes — hospitales, orfanatos, y jubilación para
    pastores
Sermón
Asuntos misceláneos o eventuales

PRIMER DIA

Sesión de la noche

Devocional
Trabajo de promoción
Informes — escuela dominical, Unión de Preparación,
    Unión Femenil Misionera, Sociedad de Hombres, y
    música
Sermón

SEGUNDO DIA

Sesión de la mañana

Devocional

Informe de los trabajos misioneros asociacionales
Informe de la Comisión de Finanzas
Asuntos misceláneos o eventuales
Informe de los trabajos misioneros mundiales
Sermón misionero

SEGUNDO DIA

Sesión de la tarde

Himno y oración
Informe de educación cristiana: colegios, seminarios,
etc.
Sermón
Elección de oficiales
Informe sobre el trabajo de evangelismo
Sermón

MOCION PRINCIPAL APROBADA

Mociones Incidentales

DIVISION
DE
MOCION
(48)

SUSPENSION
DE
REGLAS
(46) (SN)*

RETIRO
DE UNA
MOCION
(45) (S)*

LECTURA
DE
DOCUMENTOS
(44) (S)*

APELACIONES
(43) (D)*

CUESTION
DE
ORDEN
(42)

POSPONER PARA
FECHA FIJA
(32)
(SEN)*

VOLVER A LA
MESA (31) (SN)*

OBJECION A LA
CONSIDERACION
DEL ASUNTO (30)

Mociones S

MOCION PRINCIPAL PRESENTADA

EL CAMINO DE UNA MOCION

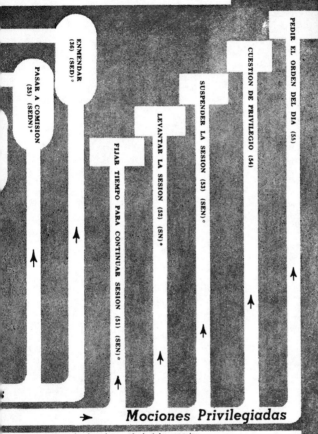

PEDIR EL ORDEN DEL DIA (55)

CUESTION DE PRIVILEGIO (54)

SUSPENDER LA SESION (53) (SEN)°

LEVANTAR LA SESION (52) (SN)°

FIJAR TIEMPO PARA CONTINUAR SESION (51) (SEN)°

ENMENDAR (36) (SED)°

PASAR A COMISION (35) (SEDN)°

Mociones Privilegiadas

Toda moción a la derecha es de índole superior.
Toda moción a la izquierda cede a las de la derecha.
*"S" Necesita ser secundada; "E" Admite enmienda;
"D" Admite debate; "N" Puede ser presentada nuevamente.
(Véase párrafo 87)